Behutsam achten das Ich und das Du

MAX FEIGENWINTER

Behutsam achten das Ich und das Du

Für euren Weg zu zweit

MATTHIAS-GRÜNEWALD-VERLAG

Inhalt

Ein paar Worte am Anfang

Wenn Menschen sich verlieben, erleben sie alles neu. Sie sind glücklich, den ersehnten Schatz gefunden zu haben und für jemanden ein wertvoller Schatz zu sein. Sie genießen das Zusammensein, die Nähe und Zärtlichkeit und bemühen sich, viel gemeinsame Zeit zu haben.

Liebende schmieden gemeinsam Pläne, wollen das Leben miteinander gestalten, möglicherweise eine Familie gründen. Sie wissen um die vorhandenen Verschiedenheiten, die unterschiedlichen Werte in den Herkunftsfamilien, doch nichts kann sie von ihren Plänen abbringen. Sie sind überzeugt, dass sie ihren Weg finden, sie wollen ihn gemeinsam gehen und miteinander glücklich bleiben.

Gemeinsames Leben ist gleichermaßen beglückend und fordernd. Wenn wir uns diesen Forderungen stellen, können wir daran wachsen. Dies gelingt, wenn wir großzügig, geduldig, verständnisvoll und einfühlsam sind; wenn wir immer wieder wohlwollend aufeinander zugehen und im Gespräch bleiben.

Vielen gelingt es, das gemeinsame Leben zu gestalten und viele Jahre lang glücklich zu sein. Sie erfahren zwar, dass der Alltag auch Schwierigkeiten mit sich bringt, aber sie sind bereit, diese gemeinsam zu lösen. Andere sind bald enttäuscht, es fällt ihnen leichter, neue Partner kennenzulernen, als den eigenen Partner immer wieder neu kennenzulernen.

In zahlreichen Gesprächen mit Paaren im Rahmen meiner Kursarbeit ist mir immer wieder bewusst geworden, dass es ein großes Geschenk ist, wenn Partnerschaft gelingt. Ein Geschenk, das wir aber nicht erhalten, wenn wir uns nicht für die Beziehung einsetzen.

Dieses Buch kann Ihnen dabei helfen. Möglichkeiten, wie Sie mit diesem Buch umgehen können, gibt es viele. Wählen Sie beide einen Text aus, in dem Sie sich wiederfinden, nehmen Sie sich Zeit, lesen Sie den ausgewählten Text einander vor. Sprechen Sie miteinander: Was bedeutet es Ihnen, dass Ihr Partner, Ihre Partnerin diesen Text gewählt hat? Sagen Sie einander, was Sie fühlen und denken. Vielleicht beschließen Sie, in der folgenden Zeit etwas besonders zu beachten, vielleicht versuchen Sie sogar, etwas zu verändern.

Schreiben Sie den ausgewählten Text – möglicherweise so abgeändert, dass er für Sie ganz stimmt – auf eine Karte und schenken Sie diese Karte Ihrem Partner, Ihrer Partnerin.

Wählen Sie gemeinsam einen Text aus, ändern Sie ihn so, dass er für Sie in diesem Moment ganz stimmt. Vergleichen Sie ihre Fassungen. Sicher drängt es Sie, über das Ergebnis zu sprechen.

Sagen Sie einander, was ein Text bei Ihnen auslöst.

Verwenden Sie das Buch während einer gewissen Zeit als regelmäßigen Begleiter. Unterstreichen Sie, was Ihnen wichtig ist, streichen Sie durch, was für Sie nicht stimmt, formulieren Sie Ihre eigenen Gedanken. Machen Sie das Buch so ganz und gar zu Ihrem Paarbuch.

Max Feigenwinter

Verliebt

Seit er verliebt ist, hat er sich total verändert! Wie oft hören wir solche Sätze, und vielleicht haben wir es selbst auch schon einmal erfahren, dass auf einmal vieles ganz anders ist. Wir richten alles auf diesen einen Menschen aus, möchten möglichst viel Zeit mit ihm verbringen, suchen Möglichkeiten, ihn zu überraschen und ihm Freude zu bereiten. Wir zeigen uns von der besten Seite und machen Dinge, die wir noch nie getan haben. Während der Arbeit schließen wir die Augen, sehen den geliebten Menschen, küssen ihn zärtlich und sagen ihm, wie sehr wir uns nach ihm sehnen. Ein kleiner Stein, den wir von unserem Schatz bekommen haben, ist uns Edelstein. Viele werden zum ersten Mal zum Dichter, weil es sie drängt, ihre Gefühle in Gedichten zu fassen. Das Bewusstsein, die Gewissheit, für diesen anderen Menschen ein Schatz, etwas ganz und gar Wertvolles zu sein, gibt uns unendlich viel Kraft. Was lange nicht möglich, nicht denkbar war, ist wirklich. Das Leben ist auf einmal anders, wertvoller, faszinierender.

Wenn du mich ansprichst,
wage ich, wieder zu hören

wenn du mir zuhörst,
wage ich, wieder zu sprechen

wenn du mich ansiehst,
wage ich, wieder zu handeln

wenn du mich berührst,
spüre ich mich neu

wenn du bei mir bist,
wächst neues Leben.

Verliebte Menschen sind oft aus dem Häuschen, ein bisschen ver-rückt. Alles ist anders. Sie kümmern sich nicht darum, was andere denken, wenn sie sich in aller Öffentlichkeit leidenschaftlich küssen; sie erleben sich neu, kleiden sich, wie sie sich noch nie gekleidet haben, wie es dem anderen gefällt; sie schreiben zum ersten Mal Gedichte und lange Briefe, bisherige Freunde treten in den Hintergrund. Alle Gedanken und Gefühle sind beim geliebten Menschen. Um ihm näher zu sein, sprengt man Grenzen, besucht Veranstaltungen, die bisher kaum interessierten, liest Bücher, die man bisher nicht beachtete, bewegt sich in Kreisen, die einem bisher fremd waren.

Gemeinsam auf einem Herbstblatt sitzen
und uns vom Sturm forttragen lassen

im Säuseln des Windes
deine Liebesworte hören

mit dir auf Wolkenberge klettern
und hinter den Türmen
in deine Arme fallen

im Wiegen der Äste
deine zärtlichen Berührungen spüren

in den Regentropfen Perlen sehen,
die ich dir schenken will.

Nach einer Zeit des rauschhaften Verliebtseins schleichen sich irgendwann Zweifel ein: Wird mich mein Schatz noch so sehr lieben, wenn er weiß, wie ich wirklich bin? Wie möchte er mich haben? Wie bin ich für ihn am wertvollsten? Diese Zweifel können dazu führen, dass man nur noch macht, was dem anderen wahrscheinlich gefällt; man versucht zu sein, wie man glaubt, dass der andere einen haben möchte. Doch dies ist gefährlich. Wir geben uns auf, spielen und täuschen etwas vor, was wir nicht sind. Und paradoxerweise wird die Wahrscheinlichkeit, dass wir damit enttäuschen, umso größer. Eine Beziehung wird

als Liebensbeziehung am ehesten bestehen
bleiben, wenn wir sind, was und wie wir sind,
wenn wir uns mit allem, was zu uns gehört,
dem anderen zumuten.

Ich könnte

sagen,
was du hören willst

zeigen,
was du sehen willst

machen,
was du erwartest

geben,
was du wünschst

gehen,
wohin du willst

obwohl ich gar nicht möchte.

Ich könnte
mich überhören,
mich übersehen,
mich übergehen,
dir etwas vormachen
und mir selbst fremd werden.

Doch gerade weil ich dich liebe,
will ich dir ehrlich begegnen,
mich zeigen, wie ich bin.

Ich will mich dir zumuten.

Der Psychologe George Bach, der die viel be-
achteten Bücher »Pairing« und »Streiten verbindet« verfasst hat, beschreibt einen Menschen, der verzweifelt versucht, dem Partner
alles zu sein: »Ich fühle mich angespannt und
unbehaglich, weil ich krampfhaft versuche, he-
rauszubekommen, wie du mich haben willst,
um mich lieben zu können. Sobald ich heraus-
bekommen habe, was du für liebenswert hältst,
werde ich im Sechseck springen, um deiner
Vorstellung von Liebenswürdigkeit zu entsprechen, nur aus Angst, du könntest aufhören,
mich zu lieben. Ich wage es einfach nicht, dir
mein wahres Ich zu zeigen, denn ich fühle mich
dir gegenüber unzulänglich, weil ich tief im In-
nern weiß, dass ich deinen Vorstellungen von
dem, was liebenswert ist, nicht entspreche.
Und genauso wenig wage ich es, dich ganz ge-
nau anzuschauen, denn du könntest genauso
nicht in meine Vorstellung von dem, was ich für
liebenswert halte, passen.«

Viele werden sich sagen: Nein, so geht es nicht.
Eine solche Partnerschaft verdient diesen

Namen gar nicht. Die beiden machen sich gegenseitig etwas vor, täuschen einander und werden über kurz oder lang voneinander enttäuscht sein. Dieser Mensch wird ja nicht geliebt; geliebt wird, was er spielt. Menschen in einer solchen Partnerschaft müssen immer schauen, dass sie nicht aus der Rolle fallen, damit sie nicht in die Falle rollen.

Eine solche Beziehung ist ein Krampf. Letztlich wünschen wir uns doch, dass wir in unserer Partnerschaft ganz einfach sein können. Wir sehnen uns nach einem Du, nach bergender Wärme und wärmender Geborgenheit, nach zärtlicher Berührung und berührender Zärtlichkeit. Es ist uns wichtig, für jemanden ganz wichtig zu sein. Wir wollen für diesen Menschen da sein und hoffen, dass er ganz für uns da ist.

Ganz für einen Menschen da sein können wir aber nur, wenn wir sind, was und wie wir sind; nur wenn wir zu uns stehen und uns zeigen, wie wir sind, wird uns unser Partner verstehen. Vielen fällt dies schwer, doch nur so wird Partnerschaft sich entwickeln.

Eigenständig sein,
damit wir beide wachsen können.

Nur wenn ich
selbst stehen und gehen,
selbst denken und werten,
selbst entscheiden,
selbst handeln und verantworten kann,
fühle ich mich neben dir wohl.

Nur wenn ich
ja und nein sagen,
geben und nehmen,
fragen und antworten,
Nähe und Distanz haben kann,
werde ich neben dir wachsen.

Nur wenn wir beide wachsen,
nebeneinander und miteinander,
beieinander und füreinander,
nur wenn wir beide entwickeln,
was in uns angelegt ist,
wird unsere Partnerschaft
lebendig und wertvoll bleiben.

Wenn zwei eigenständige Menschen sich füreinander entscheiden, können sie miteinander
und aneinander wachsen. Ein mir bekanntes
Paar hat mich gebeten, einen Text zu schreiben, mit dem sie dann zu ihrer Hochzeit einge-
laden haben:

Wir wagen es

Miteinander gehen,
zueinander stehen,
einander sein lassen,
füreinander leben.

Miteinander gehen,
auch wenn der Weg
steil und steinig,
mühsam und eng ist.

Zueinander stehen,
in guten und schönen Zeiten,
und erst recht,
wenn wir einander nicht verstehen.

Einander sein lassen,
damit wir wachsen können,
stark werden,
und einander Halt geben.

Füreinander leben,
anerkennen, was ist,
damit wir immer mehr wagen zu sein,
wie wir letztlich sind.

Wir wagen es,
weil wir einander lieben,
einander vertrauen,
miteinander hoffen.

Wünschen

Von Kind an haben wir gelernt, wie wir uns verhalten und was wir sagen müssen, damit die anderen zufrieden sind. Wir hatten Wünsche und Bedürfnisse und äußerten sie zunächst ganz spontan, bis andere uns sagten, dass man so etwas nicht wünscht, dass man dies und jenes nicht sagt, nicht macht. Mit der Zeit brauchte es keine Worte mehr. Ein erhobener Zeigefinger oder ein ernster Blick genügten. Die Wünsche blieben uns im Hals stecken. Wir wurden verunsichert durch unsere Wünsche und Bedürfnisse, die wir scheinbar nicht haben durften; wir sollten offen und ehrlich sein, aber doch nur das sagen, was andere hören wollten. Wir merkten immer mehr: Der, der ich bin und der, der ich sein muss, sind zwei ganz verschiedene Wesen. Aber die Wünsche und Bedürfnisse waren trotzdem da, und wir wünschten uns, wünschen zu dürfen.

Vor allem die Erfahrungen, die wir während unseres Heranwachsens machen, prägen stark. Auch wenn die Bedingungen sich ändern; auch wenn uns ein geliebter Mensch aufrichtig sagt, wir sollten sagen, was wir wünschen, wird es nicht ohne Weiteres gelingen. Selbst wenn wir wollen, können wir nicht. In Beratungen habe ich oft erlebt, dass viele Männer und Frauen im Bereich der Erotik und Sexualität Wünsche haben, die sie nicht zu sagen wagten. Dabei hätten gerade diese Wünsche die Beziehung bereichert und gestärkt. Es braucht viel Geduld und viele Situationen, in denen wir erfahren, dass wir sein dürfen, einfach sein dürfen, damit wir das Wünschen wieder lernen können.

Wenn ich sagen könnte,
dass ganz tief in mir,
hinter Mauern der Scham
und Barrieren der Angst
Wünsche sind,
die dich erfreuen,
Bedürfnisse,
die uns glücklich machen,
Sehnsüchte,
die uns verzaubern könnten.

Wenn ich zumindest sagen könnte,
dass ich leide,
weil ich dir nicht zeigen kann,
was ich möchte,
was ich wünsche,
wie ich zutiefst bin,

würdest du mich besser kennen
und verstehen können.

Menschen, die immer wieder erfahren haben, dass sie übersehen und überhört werden, sind oft verunsichert. Sie wagen kaum, etwas für sich zu beanspruchen. Sie haben nur wenig Gefühl für die eigenen Werte, bringen sich nur selten und behutsam ein und werden kaum wahrgenommen. Für wen können sie Schatz sein, wenn sie die eigenen Schätze nicht mehr sehen?

Ich habe Angst zu sagen,
was ich mir wünsche,
was ich brauche.

Ich habe Angst,
deine Zeit zu beanspruchen,
dir Raum zu nehmen.

Ich habe Angst,
etwas zu sagen,
etwas zu fragen.

Ich habe Angst,
dich zu bitten,
dich zu stören.

Nichts sagend und tatenlos
warte ich.
Worauf?

Zu sich stehen

Menschen, die scheinbar nichts für sich beanspruchen, keine Wünsche und Bedürfnisse haben, ganz und gar für andere da sind, die zu allem und jedem ja sagen, nur zu sich selbst nicht, machen es auch ihren Mitmenschen schwer. Sie machen es allen recht und geben sich selbst dabei auf. Aber möchten wir einen Partner, der sich für uns aufopfert? Ein Mensch, der ja und nein sagt, der seine Bedürfnisse und Wünsche äußert, ist ein echtes Gegenüber. Diese Menschen geben uns die Möglichkeit, Wünsche zu erfüllen, Freude zu machen. Das Nein des Gegenübers wird uns manchmal auch überraschen, enttäuschen, uns selbst Grenzen setzen. Es macht uns bewusst, dass wir etwas wollten, was dem andern in diesem Moment nicht entspricht, was ihm zu viel ist, ihn überfordert. Vielleicht haben wir zu wenig wahrgenommen, wie es dem anderen geht, wie er sich fühlt. Hätte er nicht nein gesagt, hätten wir etwas getan, was ihm nicht behagt. Wir müssten also dankbar sein für dieses Nein, das uns vorerst bremst, denn wir erfahren so mehr von unserem Partner. Dieses Ja zum Nein ist wichtig. Es macht uns frei, denn es ermöglicht uns, spontan zu wünschen, weil wir wissen, dass der Partner sagt, wo seine Grenzen sind.

Es ist förderlich, wenn Paare solche Situationen aufnehmen, vielleicht nach einiger Zeit nochmals darüber sprechen, wie es in dieser Situation war, warum etwas nicht gepasst hat. So werden mögliche Missverständnisse verhindert, das gegenseitige Verständnis wächst und beide können sich freuen, weil sie eine heikle Situation konstruktiv gelöst haben.

Lerne »ich« zu sagen,
selbst zu sehen,
selbst zu hören,
selbst zu entscheiden,
selbst zu verantworten.

Lerne »nein« zu sagen,
wenn andere dir weismachen,
was du brauchst,
was für dich wichtig
und notwendig ist.

Lerne »ja« zu sagen,
an dich zu glauben,
Wichtiges zu erkennen,
auf Wünschbares zu verzichten
und Kleinigkeiten zu genießen.

Es gibt natürlich auch die Egoisten, die vor allem sich selbst sehen, alles wollen, alles zu ihren Gunsten drehen, auf Kosten anderer leben. Wir wissen, wie schwierig es ist, mit solchen Menschen zu leben. Deshalb ist es wichtig, die Balance zu finden, den anderen sehen, aber auch sich selbst; den anderen lieben, aber auch sich selbst.

Manchmal kann es wichtig sein, dass wir uns zurückziehen, uns Zeit nehmen, ruhig werden, uns selbst wieder finden, damit wir dem anderen ein Du sein können.

Ich muss mich
den Forderungen entziehen,
zu mir kommen,
zu mir stehen,
auf mich sehen,
auf mich hören,
mit mir eins werden,
damit ich dir begegnen,
für dich da sein kann.

Auch wenn sich zwei Menschen noch so sehr lieben, wird es Situationen geben, in denen sie verschiedener Meinung sind, einander nicht verstehen, sich nicht gesehen und übergangen fühlen. Vielleicht bringt es die Hektik des Alltags mit sich, dass sie einander zu wenig zuhören, zu wenig Aufmerksamkeit schenken, Dinge übersehen, die sie früher beachtet und geschätzt haben; vielleicht werden die kleinen Zeichen, die leisen Andeutungen nicht mehr wahrgenommen, die früher verstanden worden sind.

Wenn wir uns von dem Menschen, der uns am nächsten steht, übergangen und unverstanden fühlen, kann dies verunsichern, traurig machen, schmerzen. Wir fühlen uns allein gelassen. Wie reagieren wir in solchen Situationen? Vielleicht ist es gut, sich zunächst einmal Zeit für sich selbst zu nehmen und herauszufinden, was in uns vorgeht und was wir brauchen – um dann die richtigen Worte finden zu können.

Es ist gut, wenn wir einander gerade in schwierigen Situationen Zeit und Raum lassen, damit wir uns später in aller Ruhe aussprechen und wieder finden können.

Ich muss mich abwenden,
Distanz nehmen
und einige Zeit allein sein.

Ich muss mir klar werden,
meine Gefühle zulassen
und meine Gedanken ordnen.

Ich muss mich neu ausrichten,
meinen Standort bestimmen
und meine Ziele formulieren.

Lass mir Zeit und Raum,
damit ich mich wieder finden
und auf dich zukommen kann.

In vielen Beziehungen gibt ein Partner den Ton an. Er bestimmt, auch wenn es für den anderen nicht stimmt. Er sagt, was gilt und was richtig ist; er ist das Maß aller Dinge. Solange beide mit dieser Rollenverteilung zufrieden sind, scheint alles zu klappen. Oft kommt aber der Moment, da es für einen Teil nicht mehr stimmt. Der dominierende Partner hat das Gefühl, er müsse immer die Initiative ergreifen, für alles verantwortlich sein. Ihm fehlt ein aktives Gegenüber mit eigener Meinung. Oder der passive Partner merkt, dass er sich selbst nicht ernst nimmt und nicht ernst genommen wird. Er empfindet sich immer mehr als Anhängsel, nicht als eigene Persönlichkeit. Wenn der eine oder andere Partner dies so empfindet, kann es zu einer Krise in der Partnerschaft kommen. Was man bisher gelebt hat, kann nicht weiter gelebt werden; etwas Neues muss entstehen. Wenn sich beide der Situation stellen, kann aus diesem Bruch etwas sehr Heilsames entstehen. Beide können dann miteinander und vielleicht mit Hilfe von außen neue Wege suchen.

Es ist wohltuend in einer Partnerschaft, wenn beide ganz einfach sein können, wenn man einander nichts vorspielen und vortäuschen muss; wenn beide ihre Eigenart leben können und erleben, dass sie geliebt werden, weil sie sind und wie sie sind. Es braucht Mut, den Schritt zu wagen, offener und ehrlicher zu sein. Aber dieser Mut lohnt sich.

Ich will
mich nicht mehr an dir messen,
mich nicht mehr mit dir vergleichen.

Ich will
auf die Stimme meines Herzens hören,
sagen, was ich fühle und denke,
meinen Weg gehen,
mir treu bleiben.

Ich möchte,
dass du auf die Stimme deines Herzens hörst,
sagst, was du fühlst und denkst,
deinen Weg gehst,
dir treu bist.

Ich möchte,
dass wir ehrlich und echt,
uns selbst treu
und offen füreinander
gemeinsam unterwegs sind.

Miteinander reden

Er versteht mich, noch nie habe ich mich von jemandem so verstanden gefühlt. Wir können gut miteinander reden. Sie kann gut zuhören. Bei ihr wage ich zu sagen, was ich fühle und denke. – Solche Aussagen machen Männer und Frauen, die in einer guten Beziehung leben. Sie genießen es, miteinander zu reden, wollen einander verstehen, lassen einander ausreden, fragen nach, wenn sie etwas nicht verstehen, können aber auch akzeptieren, wenn das Gegenüber im Moment lieber nicht reden will und Zeit für sich selbst braucht.

Paare, die ihre Beziehung pflegen, nehmen sich immer wieder Zeit für das Gespräch. Sie reden nicht ausschließlich über andere Menschen, nicht nur über das, was sich irgendwo bei irgendwem ereignet, sondern immer wieder über die eigene Beziehung. Sie sagen einander, was sie freut, was sie sich wünschen, was Mühe macht und wofür sie dankbar sind.

Es kann schwierig sein, ein Problem zu lösen, gemeinsam einen Weg zu finden, der beiden entspricht. Auch wenn sich beide noch so sehr Mühe geben, kann es sein, dass sich ein Teil nicht verstanden fühlt. Vielleicht verletzen wir gar unseren Partner, ohne dass wir dies wollen. In solchen Fällen kann es richtig sein, das Gespräch zu unterbrechen, um es später wieder aufzunehmen. Aus der Distanz sieht alles ganz anders aus. Beide können dann sagen, wie sie das schwierige Gespräch erlebt haben; beide können sagen, was sie wollten, und so entdecken, was zum Missverständnis führte. Wenn beide das Ziel sehen, wenn beide mit Fehlern und Mängeln rechnen, werden sie einen Weg finden, das Gespräch fortzusetzen. Wahrscheinlich wird es dann auch nicht schwer fallen zu sagen: Ich sehe, dass dich dies verletzt hat, ich begreife es auch. Aber ich wollte das nicht.

Das Gespräch ist in einer Partnerschaft unendlich wichtig. Ohne Gespräche geht es kaum. Die Themen werden sich ändern, weil wir uns verändern. Im Verlaufe unseres Lebens nehmen viele Möglichkeiten ab, manche Dinge sind Siebzigjährigen nicht mehr gleich wichtig wie Dreißigjährigen. Zärtlichkeit und Gespräche aber bleiben ein Leben lang wichtig.

Wenn Paare sich auseinanderleben, heißt es: Sie haben einander nichts mehr zu sagen. Oder: Sie verstehen einander nicht mehr. Wie können wir einander verstehen, wenn wir einander nicht sagen, wo wir stehen, wie wir fühlen und denken? Oft merken wir zwar, dass es dem anderen nicht gut geht, aber wir wissen nicht, was ihn belastet, was er sich wünscht, was er braucht. Wir könnten fragen, aber wagen es nicht, wir wollen nichts falsch machen oder dem anderen nicht lästig sein – und machen den Fehler, gar nichts zu sagen.

In Beratungsgesprächen höre ich oft, dass jemand sagt: Meine Eltern haben auch nicht miteinander gesprochen. Ich habe das eben nie gelernt. Das mag sein, das stimmt in vielen Fällen ganz sicher. Aber was spricht dagegen, es jetzt zu lernen?

Ich will sagen lernen,
was mich freut,
was mich stört,
und wahrnehmen,
was dich freut,
was dich stört.

Ich will sagen lernen,
wie ich denke,
wie ich fühle,
und wahrnehmen,
wie du denkst,
wie du fühlst.

Ich will sagen lernen,
was ich brauche,
was ich wünsche,
und wahrnehmen,
was du brauchst,
was du wünschst.

Ich will mich ernst nehmen,
zu mir stehen,
und dich ernst nehmen,
zu dir stehen,
mit dir Wege suchen,
die wir miteinander gehen können.

Und ich will mich freuen,
wenn wir gemeinsam weiterkommen.

Was ist es, das so manche große Liebe schwinden lässt? Wie kommt es, dass Menschen, die noch vor einigen Jahren jede Gelegenheit nutzten, einander nahe zu sein, sich jetzt aus dem Weg gehen? Wie kann es sein, dass ein Mensch, der einem anderen vor kurzer Zeit noch der große Schatz war, jetzt gleichgültig ist? Was lässt zwischen Menschen, die sich viele Liebesworte sagten, Mauern des Schweigens entstehen? »Auch eine große Liebe ist kleinzukriegen, man muss nur bereit sein, einander etwas vorzulügen«, singt das Ehepaar Huthmacher.

Es ist erstaunlich, wie viele Menschen nichts unternehmen, obwohl sie sehr wohl wahrnehmen, dass die Distanz größer wird, Zärtlichkeiten seltener werden, manches nicht mehr möglich ist.

Warum geben sie auf? Warum glauben sie nicht mehr an die große Liebe?

Wir sprechen nicht mehr über das,
was uns wirklich berührt,

wir zeigen einander nicht mehr,
was uns zutiefst beschäftigt,

wir haben es verlernt,
einander zärtlich zu begegnen,

wir hüten uns,
offen und ehrlich zu sein,

wir meiden es,
Konflikte auszutragen,

wir erfahren immer öfter,
dass wir einander nicht mehr verstehen,

wir merken immer mehr,
dass gemeinsame Zeit leere Zeit ist,

wir spüren,
dass unsere Liebe schwindet.

Das Wasser steht uns bis zum Hals,
doch wir wehren uns nicht.

Nicht immer fehlt das Gespräch. Oft möchten beide sagen, was sie zu sagen haben, sie bemühen sich und sind doch immer wieder enttäuscht, dass aus einem Gespräch ein Streit entsteht. Jeder misslungene Versuch schmälert die Hoffnung, einander doch noch zu verstehen.

Was Rolf und Sabina erleben, kommt wohl vielen bekannt vor: Sie sind seit mehr als zehn Jahren verheiratet. Obwohl sie wissen, dass sie zueinander gehören, gemeinsam vieles erreicht und gesunde Kinder haben, kommt es wegen Kleinigkeiten immer wieder zu schwierigen Gesprächen. Meist sagt Rolf, was ihn stört; allerdings ist auch Sabina mit manchem nicht zufrieden, aber sie sagt nichts.

 Rolf, der sehr gut formulieren kann, bringt seine Unzufriedenheit, seine Bedenken, seine Anliegen ein; er begründet, was er sagt, erwartet eine Erklärung, eine Stellungnahme. Oft merkt er nicht, wie schnell er spricht, wie viel er spricht, wie hart seine Formulierungen sind. Je länger die einseitige Kommunikation dauert, desto weniger kann Sabina sagen, was sie sagen möchte. Sie schweigt.

Rolf versteht nicht, warum sie nicht spricht; Sabina fühlt sich überrollt und unverstanden. Sie weiß, dass sie lernen muss, zu sich selbst zu stehen, sich zu wehren. Sie weiß allerdings auch, dass dies sehr schwierig ist.

Ich muss mich distanzieren:
Deine wohlformulierten Vorschläge,
deine gut gemeinten Ratschläge,
deine sanften Hinweise,
deine stichhaltigen Begründungen,
deine Wünsche und Bedürfnisse,
deine bohrenden Fragen,
deine fordernden Erwartungen
verunsichern und lähmen mich.

Ich muss lernen,
auf mich selbst zu hören,
auf mich selbst zu sehen,
mich zu spüren,
mir zu vertrauen,
mir zu entsprechen,
mich ernst zu nehmen.

Ich muss lernen
zu sagen, was ich zu sagen habe,
was ich fühle und denke,

was ich wünsche und brauche,
nicht, was du hören willst.

Nur so kann ich
neben dir ich sein.

Oft ist es sehr schwierig, die Kommunikations-
probleme ohne Hilfe von außen zu erkennen,
noch schwieriger ist es, sie zu lösen. Was sich
vielleicht über mehrere Jahre eingeschlichen
hat, kann nicht auf Knopfdruck behoben werden. Geduld ist gefragt.

Gemeinsam können Vereinbarungen getroffen
werden. Wichtig ist, dass man sich immer wieder Zeit nimmt, einander sagt, wie man die ge-
meinsamen Gespräche erlebt hat, sich an Fort-
schritten freut und neue Ziele setzt. Vielleicht
heißt es dann:

Sage mir,
wenn ich zu viel rede,
dir Raum nehme,
Fragen beantworte,
die du gar nicht stellst.

Wehre dich,
wenn ich zu schnell rede,
dir Möglichkeiten nehme,

dich behindere,
Entfaltung erschwere.

Wehre dich,
wenn ich dir Wege weise,
die du nicht gehen kannst;
wenn ich dich einenge
und sage, was du jetzt tun musst.

Wehre dich,
wenn ich dir ins Wort falle,
deine Gedanken nicht aufnehme:
wenn ich von dir erwarte,
was dir nicht entspricht.

Das Besondere bewahren

Wenn zwei Menschen mehrere Jahre miteinander leben, gemeinsam Erfreuliches genießen und Schwieriges bestehen, lernen sie einander kennen. Die Beziehung erstarkt. Oft wissen die beiden voneinander mit großer Gewissheit, wie sie in bestimmten Situationen handeln.

Das macht das Leben in mancher Hinsicht einfacher. Viele sagen deshalb auch mit einem ironischen Unterton: Ich würde nicht noch einmal eine neue Beziehung eingehen; es wäre mir zu kompliziert, noch einmal anzufangen, einen Menschen neu kennenzulernen.

Diese Gewissheit ist aber auch gefährlich: Wenn man sich zu sehr aneinander gewöhnt, kann die Beziehung auch gewöhnlich, alltäglich werden. Es ist immer dasselbe, man macht immer dasselbe. Alles läuft wie immer, bis es langweilig wird. Dass die Faszination des Neuen fehlt, bringt manche Partnerschaft in

Gefahr. Es ist nicht leicht, einen lieben Menschen immer wieder neu kennenzulernen.

Friedrich Schiller schrieb einer Freundin: »Wie du aussiehst, weiß ich nun; wie du bist, werde ich wohl nie ganz wissen.«

Wir verändern uns. Der, der ich heute bin, ist nicht der, der ich einmal war, und nicht der, der ich sein werde. Es ist deshalb wichtig, dass wir uns immer wieder Zeit nehmen, uns aufeinander einstellen und immer wieder neu sehen.

Mir jeden Tag Zeit nehmen,
mich wahrnehmen,
mich annehmen
und zeigen,
wie ich bin.

Uns jeden Tag Zeit nehmen,
wahrnehmen,
was uns erfreut und stärkt,
fordert und belastet;
annehmen, was ist,
und gemeinsam Wege suchen,
diesen Tag so leben,
als wäre es der letzte.

Uns heute Zeit nehmen,
aus diesem Tag
einen besonderen Tag machen;

diesen Tag,
der uns geschenkt ist
und niemals wiederkehrt.

Heute
einander neu kennenlernen.

Viele Paare, die sich für ein gemeinsames Leben entscheiden, sind überzeugt, dass sie es einmal besser machen als ihre Eltern, ihre Verwandten und Bekannten. Sie können sich nicht vorstellen, dass sie den Menschen, den sie so sehr lieben, in dessen Nähe sie so gern sind, einmal nicht mehr lieben werden, sich von ihm trennen wollen oder ihn gar hassen. Dieser Glaube an die Liebe ist enorm wichtig. Die Hoffnung, dass es eine gelingende Liebe ist, die alle Probleme übersteht, gibt viel Kraft und macht Mut.

Doch oft kommt es anders. Verhaltensweisen und Dinge, die man als Liebende übersehen hat, stören. Ein Partner hat das Gefühl, immer für alles sorgen zu müssen und dabei selbst zu kurz zu kommen. Lange Zeit sagt er vielleicht nichts, weil er nicht kleinlich sein will. Was aber dauernd stört und nicht gesagt wird, lässt die Unzufriedenheit wachsen.

Wer unzufrieden ist, sieht eher das Negative, und übersieht leicht das Positive. Statt enttäuscht zu warten, dass alles anders wird, sollten wir die Chance ergreifen, anzusprechen, was ist und Neues ermöglichen.

Wir erinnern uns,
wie es einmal war,

wir erfahren schmerzlich,
was wirklich ist,

wir ahnen leise,
wie es auch sein könnte.

Nutzen wir die Chance:
Sagen wir einander offen und ehrlich,
wie wir uns fühlen,
was wir uns wünschen,
woran wir leiden,
damit wir einander wieder näher kommen
und wagen, ja zu sagen:
zu uns selbst,
zueinander.

Nutzen wir die Chance:
Nehmen wir an, was ist,
wagen wir neue Schritte
und freuen uns an dem,
was wir erreicht haben.

Im biblischen Gleichnis vom Sämann (Lukas 8,4–8) wird uns erzählt, dass vieles nicht gelingt. Wir müssen damit rechnen, dass vieles ganz anders wird, als wir uns dies wünschen. Wichtig ist aber, dass wir trotzdem das Positive nicht übersehen, sondern uns freuen. Schön, wenn wir in einer Beziehung nicht nur sehen, was der Partner Positives macht, sondern es ihm auch sagen.

Ich kann sehen,
dass manches auf den Weg fällt,
von den Vögeln aufgepickt wird,
und traurig sein.

Ich kann sehen,
dass vieles auf steinigen Boden fällt,
keine Wurzeln schlägt,
und noch trauriger werden.

Ich kann sehen,
dass anderes unter die Dornen fällt,
nur verkrüppelt wächst,
und resigniert aufgeben.

Ich kann aber auch sehen,
dass manches wächst,
reife Frucht bringt,
und mich mit dir daran freuen.

Schwierige Zeiten

Im Leben eines jeden Paares gibt es Phasen, in denen es schwierig ist, einander zu verstehen. Die Bedürfnisse sind zu unterschiedlich, Ungereimtheiten, die nicht angesprochen und bereinigt worden sind, machen es schwer, verständnisvoll aufeinander zuzugehen. Keinem gelingt der erste Schritt. In solchen Phasen lebt ein Paar mehr nebeneinander als mit- und füreinander. Oft zeigen sich Probleme, wenn sich etwas Wesentliches verändert: ein Kind wird geboren, ein Umzug bringt eine neue Umgebung mit sich, Kinder verlassen die gemeinsame Wohnung, der Ruhestand beginnt. Durch die Veränderung zeigen sich latente Probleme deutlich.

Ein Mann und eine Frau, schon viele Jahre miteinander verheiratet, sind in einer schwierigen Situation: Die Kinder sind erwachsen, haben eigene Wohnungen. Die Frau beklagt sich darüber, dass ihr Mann sie kaum wahrnehme, ihre Arbeit nicht wertschätze, es nur höchst selten ein Gespräch und schon gar keine Zärtlichkeiten gebe. All ihre Versuche, etwas zu ändern,

seien gescheitert. Ihr Mann reagiere gar nicht
darauf. Auch der Mann ist unzufrieden. Er hat
es aufgegeben, seine Wünsche zu formulieren.
Zu oft sind sie abgelehnt worden. Von den Vor-
schlägen seiner Frau hat er genug. Er empfindet sie eher als Vorwürfe, fühlt sich bevormun-
det, weicht aus, lehnt ab, entzieht sich. Zwar
möchte auch er etwas verändern, aber er kann
kaum glauben, dass seine Frau ihn je verstehen
will und verstehen kann.

Bevor ich weiß,
wo ist stehe,
was ich will,
was ich kann,

sagst du,
was ich tun muss,
was ich ändern muss,
wie ich sein muss,

forderst mich auf,
mich anzupassen,
mich nach dir auszurichten.

Missmutig
ziehe ich mich zurück,
sage nichts mehr,
wage nichts mehr,
mache nichts mehr,
hoffe nicht mehr.

Traurig
stelle ich fest,
wie fremd wir uns geworden sind.

Oft bleibt es nicht bei der Trauer. Unzufriedenheit wächst, die Partner spüren, dass Wesentliches fehlt und schieben sich gegenseitig die Schuld zu. Die Beziehung wird zu einem Kampffeld, auf dem es viel Leid, Aggression und sogar Hass gibt.

Wie kommt es so weit? Es gibt viele Ursachen, und wir können oft hören, dass Freunde und Bekannte sagen: Das konnte ja nicht gut gehen. Scheinbar wussten es alle, aber die Betroffenen waren überzeugt, sie würden einen Weg finden.

Vielen Paaren gelingt es nicht, alleine aus dem Chaos zu kommen. Jeder Versuch, die Streitigkeiten zu beheben, bringt neue Probleme. Und trotz allem ist einer der Partner nicht bereit, Hilfe von außen anzunehmen. »Die Probleme müssen wir selbst lösen, mir schwatzt keiner drein«, heißt es dann oft. Tatsache ist allerdings, dass die Probleme nicht alleine gelöst werden können, Verletzungen immer mehr schmerzen, Liebe zerbricht.

Dabei wäre es so wichtig, die Waffen endlich abzulegen.

Wir müssen lernen,
die Waffen abzulegen:

Schweigen, das lähmt,
Täuschungen, die verunsichern,
Lügen, die ablenken,
Anklagen, die erniedrigen,
Drohungen, die ängstigen,
Vorwürfe, die verletzen,
Urteile, die zerstören,
Härte, die verunmöglicht,
Lieblosigkeit, die erstickt.

Wir möchten es lernen,
miteinander zu leben:

einander wahrnehmen,
einander ernst nehmen,
Verschiedenheiten annehmen,
das Gespräch aufnehmen,
miteinander Probleme lösen,
Neues ermöglichen.

Wir können es lernen,
mit Glauben, der uns stärkt,
Hoffnung, die uns ermutigt,
Liebe, die diesem Leben Sinn gibt.

Es gibt Paare, die streiten selten, und doch sind sich die beiden Partner fremd. Beide haben sich abgefunden, dass sie einander eben nicht mehr viel bedeuten, dass die Interessen sehr verschieden sind und Gleichgültigkeit sich breit gemacht hat. Beide leben gemeinsam unter demselben Dach und sind doch allein. Langsam, ganz langsam ist die Liebe erloschen.

In vielen Beziehungen haben sich aber nicht beide mit der Situation abgefunden. Ein Partner leidet unter der Kälte, zu viel Negatives hat sich ereignet; zu viel wird gefordert; vieles misslingt und die Kraft reicht nicht mehr.

In solchen Situationen verstehen wir die Welt nicht mehr, und meist haben wir das Gefühl, dass wir von niemandem verstanden werden. Wir ziehen uns zurück, möchten niemanden sehen und hören, niemandem antworten und nichts verantworten müssen.

Wir machen es anderen schwer, auf uns zuzukommen und doch wünschen wir uns nichts sehnlicher als einen Menschen, der feinfühlig und verständnisvoll auf uns zukommt, uns in den Arm nimmt und mit viel Geduld bei uns bleibt.

Wir sind dankbar für den Menschen, der uns in dieser Situation gibt, was wir brauchen; für den Menschen, der sagt:

Ich will auf dich zugehen,
glauben,

dass du schweigst,
weil du überhört wurdest, und
dich abwendest,
weil du verachtet worden bist,

dass du hart bist,
weil du dich schützen musst,
und nicht bittest,
weil du Ablehnung befürchtest,

dass du nichts mehr machst,
weil niemand es anerkannt hat,
und nichts wagst,
weil du Angst hast.

Ich will auf dich zugehen,
bei dir bleiben,
glauben, dass
Hoffnung,
Mut,
Sicherheit,
Selbstvertrauen
wachsen.

Immer wieder aufbrechen

Arthur Schopenhauer erzählt die Parabel von den Stachelschweinchen. Weil sie frieren, rücken sie näher zusammen. Wenn sie aber näher zusammenrücken, stechen sie einander. Die kleine Geschichte schließt mit dem Satz: »So war es ihre Aufgabe, die Distanz zu finden, da sie noch nicht froren, sich aber auch noch nicht stachen.«

Wie diesen Stachelschweinchen geht es auch uns immer wieder. Der eine Partner möchte Nähe, der andere braucht Distanz. Oft führt diese Situation zu Schwierigkeiten. Der eine Partner fühlt sich abgewiesen, ist gekränkt, zieht sich zurück, sagt nichts mehr, schmollt. Der andere Partner hat möglicherweise ein schlechtes Gewissen, fühlt sich schuldig, verzichtet auf die eigenen Bedürfnisse.

Wir müssen immer wieder die richtige Balance von Nähe und Distanz finden. Das wird wohl nur gelingen, wenn wir unsere Bedürfnisse, aber auch unsere Grenzen mitteilen. Wichtig wird es sein, dass wir miteinander herausfinden, was wann möglich ist. Wir können einander feinfühlig entgegenkommen und darauf achten, dass die Bedürfnisse beider optimal berücksichtigt werden, mal diese, mal jene.

Jedes ehrliche Bemühen, eine gute Lösung zu finden, stärkt die Partnerschaft. Weil wir uns ernst genommen fühlen, fällt es uns leicht, auch den Partner ernst zu nehmen. Weil wir dann und wann erlebt haben, dass uns der Partner entgegengekommen ist, können wir auch leichter entgegenkommend sein.

Du möchtest Nähe,
ich brauche Distanz.

Wir beide möchten nichts erzwingen,
nehmen uns selbst
und einander ernst,

suchen gemeinsam einen Weg,
der für uns beide stimmt,
und freuen uns an dem,
was wir erreichen.

Wenn zwei Menschen mit ganz unterschiedlicher Geschichte, unterschiedlichen Vorstellungen und Visionen zusammenleben, werden sie, auch wenn sie einander noch so sehr lieben, dann und wann Meinungsverschiedenheiten haben, die in Konflikte ausarten können. Beide brauchen dann mehr, als sie geben können; beide fühlen sich möglicherweise nicht verstanden und sind unzufrieden. Es kann zu Vorwürfen und Schuldzuweisungen kommen, die man kurz darauf sehr bereut. Man wäre froh, etwas nicht gesagt zu haben, weiß aber, dass die Chinesen recht haben, wenn sie sagen: Ein gesprochenes Wort holen tausend Pferde nicht ein. Bei manchen Paaren gibt es Zeiten, in denen dieselben Probleme immer wieder hochkommen, weil sie nie ganz gelöst worden sind. Solche Zeiten sind Bewährungsproben, und wenn wir sie bestanden haben, dürfen wir uns gemeinsam freuen.

Wenn infrage gestellt wird,
was bisher gültig war

Vorschläge abgelehnt werden,
die wohl bedacht und gut gemeint sind

Pläne durchkreuzt werden,
die bisher hilfreich waren

Antworten nicht mehr genügen,
die bisher weiter führten

gering geschätzt und belächelt wird,
was wir einsetzen,

braucht es viel Kraft
und einen großen Glauben,
nicht aufzugeben,
die Hand zu reichen,
neue Wege zu suchen
und diese auch zu gehen.

Es ist erstaunlich, wie viele Menschen einander etwas vortäuschen und gleichzeitig wünschen, dass sie verstanden werden. Aus Angst, nicht geliebt zu werden, spielen sie einander etwas vor und werden letztlich enttäuscht. Neues wird möglich, wenn die Angst überwunden und die Maske abgelegt wird.

Ich will lernen,
die Masken abzulegen,
offen und ehrlich zu sein,
mich dir zu zeigen,
damit du mich verstehen kannst.

Ich will mich annehmen,
zulassen, was ist,
sein, was und wie ich bin,
ja sagen zu mir,
mich freuen,
wenn du mich verstehst.

Gemeinsam Neues wagen

Ich muss nicht in die Fotoalben sehen, um zu merken, dass ich mich verändere. Vieles, was mir früher wichtig war, bedeutet mir heute nicht mehr gleich viel; vieles, was ich früher konnte, fällt mir heute schwer; vieles, dem ich früher kaum Beachtung schenkte, beschäftigt mich heute. Wer lebt, verändert sich.

Wenn sich die Partner verändern, verändert sich auch die Partnerschaft. Es ist deshalb wichtig, dass Mann und Frau im Gespräch bleiben, einander sagen und zeigen, wie sie sich verändern und was ihnen bedeutsam und wichtig ist.

Es ist wichtig, dass beide Partner zu sich selbst stehen und immer mehr das werden, was sie letztlich sein können; sich annehmen mit allen Fehlern und Mängeln, aber auch mit allen Möglichkeiten und einander in diesem Prozess unterstützen.

Ich will anschauen,
was ich bisher ängstlich mied

anhören,
was ich bisher von mir wies

sagen,
was ich bisher verschwieg

zeigen,
was ich bisher versteckte

annehmen,
was ich bisher verachtete

wagen,
wo ich bisher zweifelte

mich aufrichten,
wo ich mich bisher beugte

mich wehren,
wo ich bisher klein beigab

großzügig sein,
wo ich bisher knausrig war

den ersten Schritt tun,
wo ich bisher berechnend wartete.

Ich will entdecken,
was im Kern meiner Seele liegt,
und ganz Mensch sein.

Wieder aufeinander zugehen

Auch wenn wir einander noch so sehr lieben, es gibt Situationen, in denen wir verschiedener Meinung sind. Diese Meinungsverschiedenheiten sind ganz normal. Die Frage ist nur, wie wir damit umgehen: Hören wir einander zu, versuchen wir zu verstehen, sind wir bereit, die eigene Meinung zu überprüfen? Oft gelingt es nicht, mit Meinungsverschiedenheiten konstruktiv umzugehen. Es entsteht ein Kampf, ein Konflikt, den man eigentlich gar nicht will. Wenn wir uns nicht verstanden oder gar angegriffen fühlen, verteidigen wir uns, greifen selbst an und oft sagen und tun wir Dinge, die vieles zerstören.

Wir alle machen Fehler und bleiben einander etwas schuldig. Wir haben unsere Schwächen, die jener Mensch am meisten spürt, der Tag und Nacht am nächsten bei uns ist. Oft ist es in solchen Fällen schwierig, die Distanz zu überwinden, den ersten Schritt zu machen, einen Fehler zuzugeben, um Entschuldigung zu bitten, etwas wieder gutzumachen. Wir müssen bedenken, dass Verletzungen unterschiedlich wirken. Der eine möchte sofort darüber reden, die andere braucht Zeit und Distanz und muss zuerst sich selbst wieder finden, bevor sie auf Mitmenschen zugehen kann.

Ohne es zu wollen,
haben wir viele Wörter gebraucht,
um uns voreinander zu schützen,
uns voreinander zu verstecken,
einander zu täuschen,
einander zu schwächen.

Jetzt, da wir
sehen, was wir angerichtet haben,
unsicher und verletzt,
hilflos und traurig sind,
braucht es den ersten Schritt,
die offene Hand und das versöhnliche Wort.

Wenn ich jetzt sein darf, wie ich bin,
nichts vortäuschen
und nichts sagen muss,

wenn du mir Zeit lässt,
mein Unvermögen verstehst,
nicht sofort alles gut sein muss,

wenn ich jetzt nicht das richtige Wort,
den richtigen Ton
und den besten Zeitpunkt finden muss,

wenn ich jetzt nicht lächeln,
dich nicht umarmen muss,
weil du mich umarmst,

wenn du verstehst,
dass ich verletzt bin,
kann meine Wunde heilen.

Lass mir Zeit.

Wenn wir damit rechnen, dass es immer wieder Missverständnisse, Schwierigkeiten und Probleme gibt; wenn wir ehrlich sind und unseren eigenen Anteil sehen; wenn wir einander Zeit lassen und in schwierigen Situationen auch bereit sind, Hilfe anzunehmen, können wir gemeinsam weiterkommen. Wichtig ist, dass das Gespräch auch im Konflikt nicht abbricht.

In bin bereit,
anzunehmen, was ist,
alles infrage zu stellen.

Ich bin bereit,
Risiken einzugehen,
sichere Strukturen zu verlassen.

Ich bin bereit,
Dinge zu tun,
die ich noch nie getan habe.

Ich habe das Bedürfnis,
mich auszurichten
auf das, was letztlich wichtig ist.

Glücklich sein

Eine Frau, die seit über 30 Jahren verheiratet ist, fragt: Was ist Glück? Ist es Glück, jemanden zu haben, mit dem ich spazieren gehen kann, mit dem man zusammen wohnt, mit dem man sich an den Blumen im Garten freut und Gäste bewirtet?

Was ist Glück für dich? Wir alle wollen doch glücklich sein und hoffen, mit diesem einen auserwählten Menschen glücklich zu werden.

Carl Rogers erzählt von einer Frau, die einen Brief bekommen hat, den sie hütet wie einen Schatz: »Als dein Freund billige und bejahe ich alles, was du bist, die Idee und den Kern deiner Existenz, dein Du-Sein und die Besonderheit deiner einmaligen Individualität. Meine Aufgabe als dein Freund ist es, dir zu helfen, so sehr du zu sein, wie nur möglich. Ich habe dich gerne, aber ich will dich nie besitzen oder benutzen, denn du gehörst dir selbst und keinem andern – obwohl du vielleicht einmal zu einem andern gehörst oder ein anderer zu dir. Ich bin ganz für dich da und immer bei dir, auch wenn

Kontinente uns trennen. Ich werde dich nie verlassen, und nie wirst du in irgendeiner Weise meine Liebe verdienen müssen. Die hast du, weil du du bist – und weil ich das wunderbar finde.«

Begreiflich, dass dieser Frau dieser Brief so wertvoll ist. Vielleicht bezweifeln wir, was hier geschrieben steht; vielleicht ist es uns zu schwärmerisch; vielleicht sind wir zu realistisch und muten uns nicht zu, das, was hier steht, auch zu leben.

Aber wäre es nicht zumindest einen Versuch wert, so aufeinander zuzugehen, so füreinander da zu sein, einander so zu fördern? Wäre oder ist es nicht ein riesiges Glück, einen Menschen zu haben, der sagt: So möchte ich für dich da sein. Und wäre es nicht schön, wenn wir gemeinsam sagen könnten:

Du bist du,
ich bin ich.
Wir sind verschieden,
und gerade dies verbindet uns.

Wir wollen immer wieder
aufeinander zugehen,
einander entdecken,
uns zeigen, wie wir sind,
damit wir einander verstehen
und einander immer wertvoller werden.

Wir wollen miteinander unterwegs bleiben,
Schwierigkeiten meistern,
Brücken bauen,
Abgründe überwinden,
den Alltag genießen,
lustvoll leben.

Wir wollen einander helfen,
das zu werden,
was wir zutiefst sind.

Glücklich sind wir, wenn wir einen Menschen haben, der nicht nur am Hochzeitstag ja sagt, sondern jeden Tag neu; der uns annimmt, uns bestärkt, unsere Seele berührt. Es ist ein großes Glück, diesen Menschen zu finden; diesen Menschen, der das Wertvolle, den Schatz in uns entdeckt und gerade dadurch für uns zu einem Schatz wird.

Einen Menschen lieben heißt doch eigentlich, ihn so sehen, wie Gott ihn gedacht hat, eben so, wie er zutiefst ist. Menschen, die dreißig oder vierzig Jahre auf diese Weise miteinander leben, Zärtlichkeit und Sexualität immer wieder neu entdecken und genießen; Menschen, die sich den Schwierigkeiten stellen und gemeinsam nach Möglichkeiten suchen; Menschen, die auch in schwierigen Situationen füreinander da sind, sind liebende Helden. Sie ermöglichen einander, immer wieder Neues zu wagen.

Mit deiner Hilfe wage ich es,
mir Schritt um Schritt näher zu kommen,
Schicht um Schicht abzutragen,
Tür um Tür zu öffnen,
mich zu sehen,
wie ich wirklich bin.

Mit deiner Hilfe wage ich es,
mich anzunehmen,
mich ernst zu nehmen,
einfach zu sein,
trotz
aller Bedenken,
aller Ängste,
allem Wenn und Aber.

Dank deiner Hilfe
lebe ich neu.

Von liebenden, glücklichen Menschen geht eine enorme Kraft aus. Sie strahlen und ermutigen durch ihr Dasein. Oft hören wir im Alltag allerdings mehr von zunehmenden Scheidungszahlen, von Streitigkeiten zwischen Ehepartnern, und zu wenig von den Frauen und Männern, die über Jahrzehnte miteinander und füreinander leben, Freud und Leid miteinander teilen, immer wieder einen Weg suchen, um miteinander glücklich zu sein.

Es ist zutiefst berührend, wenn ein älteres Ehepaar feinfühlig aufeinander eingeht, zärtlich ist und einander hilft, Schwierigkeiten zu meistern. Ich denke an die Frau, die ihrem Gatten, der zittrige Hände hat, die Kartoffeln schält; ich denke an den Mann, der seine Frau, die wegen einer Unachtsamkeit gestürzt ist, liebevoll stützt und ihr sorgsam in die Jacke hilft; und an die Frau, die ihrem Mann den Mund ganz diskret abwischt, weil er sabbert.

Glücklichen Menschen fällt vieles leichter, sie sind entspannt, freuen sich am Positiven und sind dankbar für dieses Leben; in ihrer Nähe fühlen sich Mitmenschen wohl.

Wenn es mir gelingt,
offen und ehrlich zu sein,
meine Möglichkeiten einzusetzen,
dir besser zuzuhören,
dich besser zu verstehen,
wird dieser Tag ein Schritt
zu mehr Menschlichkeit,
mehr Freude,
mehr Leben.

Eine große Liebe zeigt sich in den kleinen Dingen im Alltag. Es gibt unendlich viele Möglichkeiten, zu zeigen, dass wir einander wahrnehmen, ernst nehmen; dass wir Freude haben und dankbar sind: Wir können anerkennen, wenn alltägliche und mühsame Arbeiten gemacht sind, einander helfen; unsere Freude zeigen, wenn ein Wunsch erfüllt worden ist. Wer gekocht hat, freut sich, wenn das Essen nicht nur verschlungen, sondern genossen wird; wenn wir sagen, dass es uns schmeckt. Und es tut Mann und Frau gut, ab und zu ein Kompliment zu bekommen.

Liebende nehmen einander wahr, merken, wenn es dem andern nicht gut geht, sprechen an, was sie merken, lassen Zeit und nehmen sich Zeit füreinander.

Es ist sicher gut, wenn wir den Hochzeitstag, den Geburtstag oder andere wichtige Tage nicht vergessen; von großer Bedeutung sind oft auch andere Dinge: ein aufmunterndes Wort, ein zustimmender Blick, eine zärtliche Berührung, ein Schokoladenherzchen auf dem Nachttisch, ein Brief, in dem wir danken, eine Umarmung und wieder einmal das so Wichtige: Ich liebe dich, du bist für mich sehr wichtig, ein richtiger Schatz.

Ich liebe dich.

Ich will dir zuhören,
wenn du etwas sagst

antworten,
wenn du etwas fragst

öffnen,
wenn du anklopfst

auf dich zugehen,
wenn du nicht mehr magst

dich aufrichten,
wenn du niedergeschlagen bist

nicht nur geben,
wenn du etwas brauchst

für dich da sein.

Ich liebe dich,
will Sorge zu dir tragen,
dir Begleiter sein,
mit dir wachsen,
mit dir glücklich sein.

Liebe ist geduldig

Viele Hochzeitspaare wählen für ihre Traufeier das Hohelied der Liebe, wie es im ersten Korintherbrief im Kapitel 13 aufgeschrieben ist. Paulus sagt hier, was Liebe für ihn ist, und die Hochzeitspaare wünschen sich nichts sehnlicher, als so lieben zu können, wie es hier wunderschön beschrieben ist. Es gibt nichts Größeres als die Liebe. Man kann alles geben, unendlich viel können und wissen, sogar sein Leben hingeben, wenn aber die Liebe fehlt, ist alles umsonst. Wir wissen und erfahren es immer wieder, dass wir nicht fähig sind, so zu lieben, wie Paulus es beschreibt. Wir sind auf dem Weg. Wenn wir uns gemeinsam auf den Weg machen, gemeinsam auf dem Weg bleiben, mit Fehlern und Mängeln rechnen und an die Liebe glauben, haben wir das Mögliche getan und das Ziel erreicht.

Es muss nicht alles gelingen,
es kann nicht alles gelingen,
es wird nicht alles gelingen.

Wir freuen uns am Schönen,
danken für das Gute,
rechnen mit Mängeln,

glauben aneinander,
hoffen miteinander,
lieben.

 Der Matthias-Grünewald-Verlag ist Mitglied der Verlagsgruppe engagement

Alle Rechte vorbehalten
© 2011 Matthias-Grünewald-Verlag der
Schwabenverlag AG, Ostfildern
www.gruenewaldverlag.de

Umschlaggestaltung: Finken & Bumiller, Stuttgart
Druck: Himmer AG, Augsburg
Hergestellt in Deutschland

ISBN 978-3-7867-2862-7